La reina Alexandrea

"El nacimiento, el viaje de la vida
y el lugar de descanso."

April L. Thomas, MSW

DEDICACIÓN

Este libro fue inspirado y creado en memoria de mi querida abuela, "Lois Slee Thomas". Me gustaría primero dar honor y agradecimiento a mi Señor y Salvador Jesucristo, a mi esposo Christopher, mis hijos, Ebonie y Elijah, mi familia, y mis amigos más queridos, que han estado ahí para mí y han sido una bendición a lo largo del viaje de mi vida durante un tiempo de dolor y pérdida. Estoy especialmente agradecida por su amor incondicional; continúen apoyándome e inspirándome para perseguir mis sueños y mis esfuerzos futuros.

AGRADECIMIENTOS

Un agradecimiento especial a todos aquellos que apoyaron la idea, la imaginación y la creación de este proyecto de libro infantil.

Regina Peacock

Trizah Morris

Tara Agajanian

Robert A. Tyrrell

Dominique E. Jones

Ti'Aira K. Perdue

Krista M. Messam

INTRODUCCIÓN

Este cuento de ficción literaria en tres partes representa "El nacimiento, el viaje de la vida y el lugar de descanso". Esta historia corta tiene la intención de ayudar a preparar a los niños de 6 a 9 años de edad para la separación y la pérdida de un ser querido o una mascota que amaban. Debido a que la muerte es un ciclo natural de la vida, los educadores y los padres pueden proporcionar muchas oportunidades de enseñanza en el hogar y en la escuela para introducir el concepto de muerte a nuestros niños pequeños.

El Nacimiento

Érase una vez una mariposa ornitológica llamada La reina Alexandrea, una mariposa rara y única, nacida en la selva tropical de Papúa Nueva Guinea. La reina Alexandrea es la mariposa más grande del mundo.

Vivía frente a las costas de las islas Melanesias, una región del suroeste del Océano Pacífico al norte de Australia. Esta pequeña mariposa creció hasta convertirse en una criatura muy colorida y hermosa. Sus alas eran muy anchas y redondas, con marcas coloridas de manchas amarillas, verdes, rosas y azules.

EL NACIMIENTO

La reina Alexandrea es conocida por ser una especie en peligro de extinción. Ha viajado por el bosque de la provincia de Oro en Papúa Nueva Guinea durante varios meses o más.

EL VIAJE DE LA VIDA

Cuando La reina Alexandrea se hizo adulta, era muy activa en las primeras horas de la mañana y de nuevo al atardecer, cuando se alimentaba de flores. Sus flores favoritas eran las flores de Hibiscus.

La reina Alexandrea iba de un lugar a otro en busca de una casa para descansar cuando estaba cansada. Un día descubrió un jardín mágico lleno de hermosas plantas y flores. Este lugar era muy pacífico, tranquilo y relajante. Aunque La reina Alexandrea estaba sola, estaba muy contenta y a salvo.

EL VIAJE DE LA VIDA

Era de noche, la luna y las estrellas brillaban tanto. La reina Alejandría encuentra un lugar cómodo para descansar, y mientras anida en la rama de una flor de hibisco, la mariposa cierra los ojos.

Al día siguiente, ¡se produjo una sorpresa increíble! La reina Alexandrea se despierta para ver un hermoso arco iris en el cielo.

Se levanta volando hacia el arco iris para ver más de cerca.
Después de un viaje largo, muy largo, La reina Alexandrea
se da cuenta de que ha recorrido un largo camino.

EL LUGAR DE DESCANSO

Entonces, de repente, algo sucedió. La reina Alexandrea descubrió que al final del arco iris había otro hermoso jardín.

¡Qué vistas! Es como el paraíso. El sol brilla tan intensamente, las flores florecen por todas partes y otras mariposas vuelan juntas.

De hecho, este ha sido un viaje muy esperado, y ella ha llegado a su destino final. Sorprendentemente, La reina Alexandrea se sorprendió al descubrir el lugar perfecto para descansar, especialmente con las otras mariposas voladoras.

Aunque La reina Alexandrea extrañará su mágico jardín en las selvas tropicales de Papúa Nueva Guinea, finalmente descansará tranquilamente al final del arco iris.

EL LUGAR DE DESCANSO

Aunque sus seres queridos la echarán de menos, siempre será recordada y nunca olvidada como La reina Alexandrea.

Al final del arco iris, una bella criatura vivió una vida llena de felicidad y paz donde finalmente encontró un nuevo hogar y placer, en un lugar de descanso perfecto llamado paraíso.

¡¡¡¡FIN!!!

"Los recuerdos de nuestro ser querido o mascota, viven para siempre en nuestros corazones y almas."

-April L. Thomas, MSW

ACTIVIDAD 1: Haz un dibujo de un recuerdo favorito que compartiste con tu ser querido o mascota. Te ayudará a recordar al ser querido o a la mascota que amabas.

ACTIVIDAD 2: Haz un dibujo de un lugar o cosa que recuerdas con tu ser querido o mascota. Cuando una persona o mascota mueren, siguen viviendo en nuestras memorias.

ACTIVIDAD 3: Escribe una carta de despedida al ser querido o mascota que extrañas. Puedes sentirte mejor si escribes una carta y compartes tus sentimientos sobre tu ser querido o mascota que perdiste con alguien en quien confías.

ACTIVIDAD 4: Todos experimentamos el dolor y la pérdida de un ser querido o mascota de una manera diferente. Recuerda que no estás solo. Este es un buen momento para hacer preguntas y compartir con alguien cómo te sientes.

¿Con quién puedes hablar de tus sentimientos? Tu familia, maestros y amigos siempre están ahí para ti.

Hay muchas preguntas para las que no tenemos respuestas.

Enumera las preguntas a continuación:

1).

2).

3).

www.ingramcontent.com/pod-product-compliance
Lightning Source LLC
LaVergne TN
LVHW010024070426
835508LV00001B/41